108 Pensieri di Amma sulla Natura

108 Pensieri di Amma sulla Natura

Pubblicato da:
   Mata Amritanandamayi Center
   P.O. Box 613
   San Ramon, CA 94583
   Stati Uniti di America

——————— 108 Quotes on Nature (Italian) ———————

Copyright © 2016 Mata Amritanandamayi Center, P.O. Box 613 San Ramon, CA 94583, Stati Uniti di America

Tutti i diritti riservati. Ogni riproduzione, archiviazione, traduzione o diffusione, totale o parziale, della presente pubblicazione, con qualsiasi mezzo, con qualsiasi scopo e nei confronti di chiunque, è vietata senza il consenso scritto dell'editore.

Prima edizione: 2016

In Italia:
   www.amma-italia.it
   amma-italia@amma-italia.it

In India:
   inform@amritapuri.org
   www.amritapuri.org

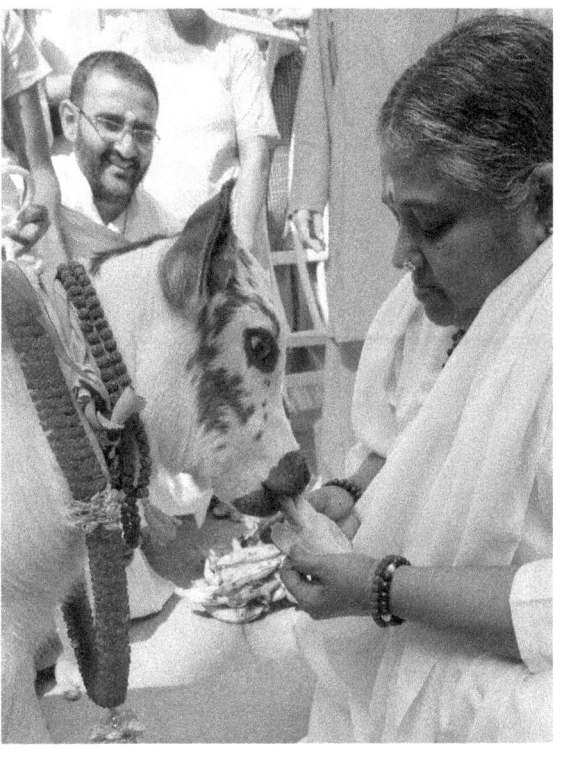

1

La natura è la forma visibile di Dio, che possiamo vedere e percepire attraverso i sensi. Amando e servendo la natura, onoriamo Dio stesso. Cerchiamo di risvegliare in noi questo atteggiamento.

2

Un'unica Verità risplende in tutto il crea-to. Dio è la pura Coscienza che dimora in ogni cosa. I fiumi, le montagne, le piante, gli animali, il sole, la luna, le stelle, voi e io... siamo tutti espressione di quest'unica Realtà. Assimilando questa verità nella nostra vita e acquisendo così una comprensione più profonda, scopriremo la bellezza insita nella diversità.

3

La nostra vera natura è come il cielo, non come le nuvole. La nostra vera natura è come l'oceano, non come le onde. Le nuvole e le onde vanno e vengono, il cielo e l'oceano restano.

4

La natura è una parte indispensabile della vita sulla Terra, ogni cosa dipende da lei per vivere. Noi non siamo diversi dalla natura, ne facciamo parte. La nostra vita dipende dal benessere del tutto. Per questo motivo, prenderci amorevolmente cura di tutti gli esseri viventi è uno dei nostri principali doveri.

5

Guardate come la natura supera facilmente ogni ostacolo. Se una formichina incontra sulla sua strada un sasso, gli gira semplicemente intorno e continua il suo cammino. Se un alberello nasce vicino a una roccia, le cresce intorno. Allo stesso modo, il fiume scorre attorno al tronco che ostacola il suo corso. Anche noi dovremmo imparare ad adattarci a tutte le circostanze della vita, superandole con pazienza ed entusiasmo.

6

Trovare la nostra armonia interiore ha un impatto positivo sulla natura e si riflette sull'intera creazione. Quando la nostra mente è disarmonica, crea disarmonia anche nella natura. Ad esempio, oggigiorno, in molti angoli della terra le piogge sono scarse o troppo abbondanti: questo è un riflesso della nostra mancanza di armonia. Quando la mente umana è armonica, l'armonia si ristabilisce spontaneamente nella natura. Dove c'è concentrazione, c'è armonia.

7

In una relazione perfetta tra l'umanità e la natura, si genera un campo di energia circolare in cui l'una fluisce nell'altra. In altre parole, quando noi esseri umani ci innamoriamo della natura, essa a sua volta s'innamora di noi, rivelandoci i suoi segreti. Mostrandoci i suoi tesori, ci permette di goderne i frutti. Come una madre, la natura ci protegge, ci sostiene e ci nutre.

8

La natura è la nostra prima madre, quella che ci nutre per tutta la nostra vita. La madre che ci ha dato alla luce può tenerci tra le braccia per qualche anno, ma Madre Natura porta pazientemente il nostro peso per tutta la vita; ci canta delle filastrocche per farci addormentare, ci nutre e ci coccola. Come un figlio ha dei doveri verso la madre che l'ha messo al mondo, così tutti noi dovremmo sentire di avere un dovere e una responsabilità nei confronti di Madre Natura. Dimenticare questa responsabilità equivale a dimenticare noi stessi.

9

Non dovremmo mostrare la nostra gratitudine per Madre Terra che pazientemente ci offre il suo grembo per correre, saltare e giocare? Non dovremmo essere grati agli uccelli che cantano per noi, ai fiori che sbocciano per noi, agli alberi che ci fanno ombra e ai fiumi che scorrono per noi?

10

La nostra innata innocenza interiore ci unisce alla natura. Quando guardiamo un arcobaleno o le onde del mare, proviamo ancora la gioia innocente di un bambino? Osservate la bellezza della natura con la consapevolezza che tutti questi fenomeni sono espressioni uniche del Divino.

11

Non ci sono errori nella creazione di Dio. Ogni creatura, ogni cosa che Dio ha creato è davvero speciale.

12

Ogni cosa in natura è un miracolo meraviglioso. Non è forse un miracolo l'uccellino che vola nell'immensità del cielo? Non è un miracolo il pesciolino che nuota nelle profondità dell'oceano?

13

Nella vita, ci sono cose che risvegliano il nostro entusiasmo e ci danno nuova forza ogni volta che le pensiamo o ne facciamo l'esperienza. Prendiamo per esempio il mare: indipendentemente da quante volte lo guardiamo, non abbiamo mai la sensazione che sia abbastanza. Il mare, così come il cielo, ha in sé qualcosa di eterno. Allo stesso modo, il legame che sentiamo con la natura è una continua scoperta.

14

La coscienza pervade ogni cosa, sostiene il mondo e tutte le sue creature. La religione ci invita a onorare ogni cosa, a vedere Dio in tutto. Un simile atteggiamento ci insegna ad amare la natura. Pensate ai prodigi della natura: i cammelli sono stati benedetti con una speciale sacca per conservare l'acqua, i canguri hanno un marsupio per portare i loro piccoli ovunque vadano. Anche le creature o le piante apparentemente più insignificanti e pericolose hanno una loro specifica funzione. I ragni mantengono in equilibrio la popolazione degli insetti, così come i serpenti tengono sotto controllo quella dei roditori. Il minuscolo plancton unicellulare dell'oceano serve da cibo per le balene. Ognuna di queste creature ha un proprio ruolo da svolgere.

15

Ogni cosa nel cosmo ha un suo ritmo: il vento, la pioggia, le onde, il flusso del respiro, il battito del cuore. Allo stesso modo, nella vita c'è un ritmo. I nostri pensieri e le nostre azioni creano il ritmo e la melodia. Quando il ritmo dei nostri pensieri si perde, questo si riflette sulle nostre azioni, interferendo così con il ritmo stesso della vita. Questo è ciò che accade oggi, tutt'intorno a noi.

16

La vita è piena della luce di Dio, ma solo con l'ottimismo potrete fare l'esperienza di questa luce. Guardate l'ottimismo della natura: nulla può vincerlo. Ogni aspetto della natura porta instancabilmente il proprio contributo alla vita. La partecipazione di un uccellino, di un animale, di un albero o di un fiore è sempre completa. Incuranti delle difficoltà, continuano nel loro sforzo con totale dedizione.

17

Godete della bellezza della natura con la consapevolezza che tutto è espressione del Divino.

18

Le stelle brillano nel cielo, i fiumi scorrono felici, i rami degli alberi danzano al vento e gli uccelli cantano. Dovreste chiedervi: "Perché sono così triste pur essendo immerso in questa gioiosa celebrazione?"

19

I fiori, le stelle, i fiumi, gli alberi e gli uccelli non hanno un ego, quindi niente può ferirli. Quando siamo privi di ego possiamo solo gioire. Persino circostanze solitamente dolorose diventano momenti di gioia.

20

Proprio come la natura crea le circostanze favorevoli affinché una noce di cocco diventi una palma e un seme si trasformi in un grande albero da frutto, così, essa crea le circostanze attraverso cui l'anima individuale può raggiungere l'Essere Supremo, fondendosi per sempre in Lui.

21

La natura è un libro di testo dal quale dobbiamo imparare. Ogni elemento della natura è una pagina di quel libro che ci insegna qualcosa. La rinuncia e l'altruismo sono i più grandi insegnamenti che possiamo ricevere dalla natura.

22

La natura dona tutte le sue ricchezze agli esseri umani. Come lei si prodiga per servirci, proteggerci e aiutarci, così, è nostra responsabilità ricambiare la sua dedizione e il suo sostegno aiutandola. Solo in questo modo sarà possibile salvaguardare l'armonia tra la natura e l'umanità.

23

Quando vivremo in armonia con la natura, in amore e unità, avremo la forza di superare qualsiasi difficoltà.

24

Gli esseri umani possono imparare molto dalla natura. Guardate un melo: offre la sua ombra anche a chi lo abbatte e dona tutti i suoi dolci e deliziosi frutti senza tenere nulla per sé. La sua intera esistenza è al servizio degli altri esseri viventi. Allo stesso modo, tutti vanno al fiume e vi si bagnano. Il fiume lava via la sporcizia di ognuno, non chiedendo nulla in cambio. Accetta spontaneamente tutte le impurità e dona purezza, sacrificando tutto per gli altri. Figli, ogni cosa nel creato ci insegna il sacrificio.

25

Guardate l'incanto della natura. Ammirate l'universo in tutto il suo splendore, guardate con quanta armonia si muovono la Terra e tutti gli altri pianeti. Il grande disegno di bellezza e di ordine insito nel creato rivela chiaramente che dietro ogni cosa ci sono un grande cuore e una grande intelligenza. Senza un'Intelligenza cosmica, un Potere universale che governa tutto, come potrebbero esistere un ordine e una bellezza così perfetti?

26

La creazione non è un atto casuale: il sole, la luna, l'oceano, i fiori, gli alberi, le montagne e le valli non sono frutto del caso. I pianeti ruotano intorno al sole senza deviare di un millimetro dalla loro orbita. Gli oceani coprono una vasta superficie del globo senza sommergere la terra. Se questa splendida creazione fosse accidentale, non sarebbe così ordinata e sistematica.

27

La volontà dell'Essere Supremo è insita in ogni cosa: in un fiore che sboccia, nel cinguettio di un uccellino, nel soffio del vento, nelle fiamme del fuoco. Essa è il potere attraverso cui ogni cosa cresce, il potere che sostiene tutto. Il volere divino è la causa che sta alla base della nascita, della crescita e della morte di tutti gli esseri viventi. È la causa di tutto il creato. Il potere dell'Essere Supremo sostiene il mondo. Senza questo potere, il mondo cesserebbe di esistere.

28

Le Scritture affermano: "Isavasyamidam Sarvam", la coscienza di Dio pervade ogni cosa. La terra, gli alberi, le piante e gli animali sono manifestazioni di Dio. Dobbiamo quindi amare la natura avendone cura e, al tempo stesso, prenderci cura l'uno dell'altro.

29

Quando, grazie alla nostra innata innocenza, crediamo in un Essere Supremo e siamo pieni di devozione, vediamo il Divino in tutte le cose: in ogni albero, in ogni animale, in ogni aspetto della natura. Questo atteggiamento ci permette di vivere in perfetta armonia e in sintonia con la natura.

30

Pregare con concentrazione ristabilisce l'armonia perduta della natura. Anche se non c'è nessuno ad ascoltare, Madre Natura registra ogni nostra preghiera sincera.

31

In verità, il progresso e la prosperità dell'umanità dipendono unicamente da ciò che di buono l'uomo fa per la natura. Stabilendo un legame d'amore tra l'umanità e la natura, assicuriamo sia l'equilibrio della natura che il progresso dell'umanità.

32

Compiacere la natura con azioni altruistiche piene di amore, di fede e di sincerità è un pressante dovere di tutti gli esseri umani. Se ci comportiamo in questo modo, la natura ci ricompenserà generosamente.

33

È sbagliato sprecare per incuria e disattenzione. Ogni cosa è stata creata per essere usata, ogni elemento nel creato ha uno scopo specifico.

34

L'umanità dipende dalla natura per la sua stessa esistenza. In verità, non siamo noi a proteggere la natura, è la natura a proteggere noi.

35

La natura si sacrifica per gli esseri umani, mentre noi non ci limitiamo a sfruttarla ma la distruggiamo pure. Ciò nonostante, la natura continua a servirci.

36

Anticamente, non c'era bisogno di preservare l'ambiente perché la protezione della natura era parte integrante della venerazione di Dio e della vita stessa. Più che ricordare "Dio", le persone amavano e servivano la natura e la società, vedendo il Creatore nella creazione. Amavano, veneravano e proteggevano la natura come la forma visibile di Dio.

37

Madre Terra è al nostro servizio; il sole, la luna e le stelle sono tutti al nostro servizio. Come possiamo contraccambiare questo loro servizio disinteressato?

38

Le città e le imprese crescono con l'avanzare del progresso scientifico. Con l'aumento della popolazione nelle città, anche la quantità di rifiuti aumenta in modo esponenziale. Dovremmo ideare dei sistemi scientifici per trattare in modo appropriato questi rifiuti, così da evitare il degrado ambientale e il diffondersi delle malattie. Dobbiamo impegnarci a fondo per riciclare e riutilizzare la "spazzatura". Madre Natura ha modi prodigiosi per riciclare e riutilizzare gli scarti, preservando così la vita. Che il nostro obiettivo sia creare un mondo a rifiuti zero.

39

Dobbiamo sforzarci di instillare dei valori nei nostri figli sin dalla più tenera età e insegnare loro ad amarsi l'un l'altro. Dovremmo riempire i testi delle nostre scuole e università con insegnamenti sull'amore e sulla compassione e contribuire a porre fine allo sfruttamento degli emarginati. Se facciamo questo, vi saranno meno guerre e conflitti e, in una certa misura, potremo realizzare il sogno della pace nel mondo. Quando cresce l'amore reciproco, anche la natura riacquista la pace.

40

Ammirate la natura in tutta la sua bellezza. Vivere in armonia con la natura porterà felicità e appagamento.

41

La generazione attuale vive come se non avesse alcun rapporto con la natura. Tutto quello che ci circonda è artificiale. Oggigiorno, mangiamo frutta e cereali coltivati con fertilizzanti chimici e pesticidi e vi aggiungiamo dei conservanti per farli durare più a lungo. In tal modo, che ne siamo consapevoli o meno, ingeriamo continuamente veleni. Come conseguenza, stanno comparendo molte nuove malattie. Molto tempo fa, la durata media della vita superava i cent'anni. Oggi invece si vive solo fino a ottant'anni, o anche meno, e più del 75 per cento della popolazione soffre di qualche malattia.

42

Il desiderio di un raccolto più grande spinge spesso all'uso di fertilizzanti chimici e di pesticidi. È a causa di questa avidità che dimentichiamo di amare le piante. Un pallone può essere gonfiato solo fino a un certo limite, oltre il quale scoppierà. Allo stesso modo, un seme non ha una resa illimitata. Se continuiamo a cercare di aumentare la produzione con mezzi artificiali, comprometteremo la vitalità e la qualità del seme ed esso diventerà nocivo per chi lo mangia.

43

Danneggiando le piante, rallentate il corso del loro karma. Il vostro egoismo blocca la loro evoluzione verso forme di vita più elevate e impedisce loro di raggiungere la libertà eterna.

44

Le scoperte scientifiche sono molto utili, ma non devono andare contro la natura. La scienza ha raggiunto vette inimmaginabili ma, purtroppo, abbiamo perso la capacità di vedere con chiarezza l'intera verità delle cose e di agire con discernimento. Uno scienziato dovrebbe essere un vero amante: un amante dell'umanità, un amante di tutta la creazione e un amante della vita.

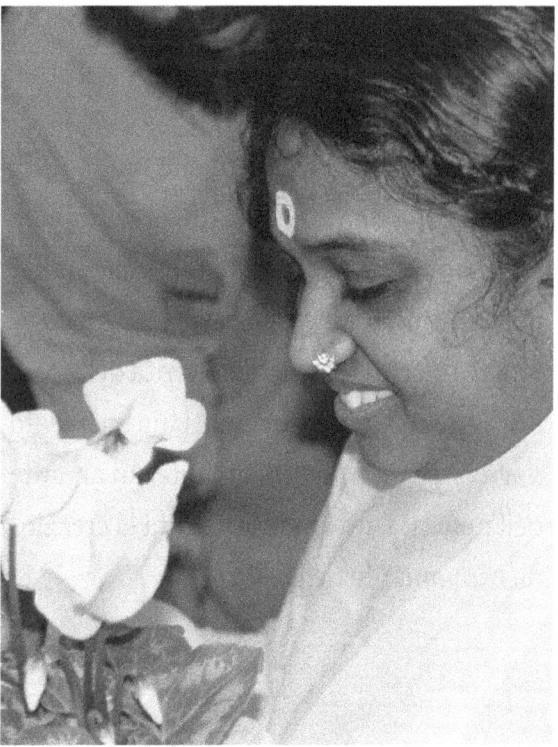

45

Quando il nostro egoismo aumenta, ci allontaniamo dalla natura e cominciamo a sfruttarla. Non è sbagliato utilizzare la natura per soddisfare i nostri bisogni, ma il prendere più del dovuto cambia le circostanze e diventa sfruttamento. Dobbiamo ricordarci che, quando prendiamo più del necessario, poniamo inutilmente fine alla vita di quella pianta o di quell'animale.

46

Osservate la bellezza e la perfezione della natura. Anche se non ha l'intelligenza degli esseri umani, la natura è piena di gioia. Tutto il creato è un inno alla gioia. Un fiore ha una vita breve, eppure si dona agli altri senza riserve. Offre il suo nettare alle api e in tal modo crea felicità.

47

Madre Terra viene sfruttata nonostante i meravigliosi doni che ci elargisce. Tuttavia, essa sopporta pazientemente ogni cosa e benedice l'umanità accordandole grandi ricchezze e prosperità.

48

Nel suo amore totale per Dio e nella sua compassione, la natura ispira le creature della terra e insegna loro a essere pazienti e compassionevoli con gli uomini, anche se essi non ricambiano l'amore ricevuto.

49

Perennemente insoddisfatti e spinti dall'avidità di avere di più, gli esseri umani compiono ogni sorta di azioni scellerate che inquinano e sfruttano Madre Natura. Radicate nel loro egoismo, le persone hanno dimenticato che tutto quello che hanno proviene da Madre Natura e che senza di lei perderemmo ogni cosa.

50

Secondo il Sanatana Dharma, la religione eterna, la natura non è diversa dagli esseri umani. Il mantra che recitiamo ogni giorno, "Om Lokah Samastah Sukhino Bhavantu", significa: "Che tutti gli esseri dell'universo siano felici". Questo mantra include la natura intera, il regno vegetale e animale, tutto il creato. Vedere l'unità nella diversità è ciò che ci insegna il Sanatana Dharma ed è l'essenza di questo mantra.

51

La natura è un immenso giardino fiorito. Gli animali, gli uccelli, gli alberi, le piante e le persone sono i suoi fiori, aperti e multicolori. La bellezza di questo giardino è completa solo quando tutti i suoi elementi esistono come una cosa sola, diffondendo vibrazioni di amore e di unità. Lavoriamo insieme per impedire che questi fiori così diversi appassiscano, in modo che il giardino rimanga eternamente bello.

52

La scienza moderna afferma che gli alberi e le piante rispondono ai pensieri e alle azioni degli esseri umani. Gli scienziati hanno creato degli strumenti per individuare e registrare i sentimenti delle piante e, in certi casi, per misurarne persino l'intensità. Hanno osservato che anche le piante soffrono quando le trattiamo senza amore e compassione. I santi e i saggi dell'India avevano già compreso questa grande verità secoli fa, rinunciando nella loro vita a qualsiasi forma di violenza.

53

La natura è come la gallina dalle uova d'oro: se pensiamo di poterci impossessare di tutte le uova d'oro uccidendo la gallina, il risultato sarà la distruzione totale dell'umanità. Per la nostra stessa sopravvivenza e per quella delle generazioni future, dobbiamo smettere di inquinare e sfruttare la natura.

54

Gli esseri umani hanno inquinato l'atmosfera con le loro azioni e i loro pensieri egocentrici. L'aria è satura di fumi ed esalazioni tossiche provenienti da auto, autobus e industrie, ma il veleno peggiore che inquina l'atmosfera è quello prodotto dai pensieri egoistici e cattivi degli esseri umani.

55

Solo attraverso l'amore e il rispetto per la natura potremo risvegliarci spiritualmente. Il nostro fine è sentire la vita ovunque.

56

La natura è kalpa-vrksha, l'albero che esaudisce i desideri e dona all'umanità ogni ricchezza. Ma la nostra situazione attuale è come quella di uno sciocco che sta segando proprio il ramo su cui è seduto.

57

Anche se abbiamo solo un piccolo pezzo di terra, dovremmo comunque cercare di coltivare degli ortaggi usando fertilizzanti biologici. Dedicando del tempo alle nostre piante, dovremmo parlare con loro, baciarle e cantare per loro. Questa relazione ci infonderà nuova vitalità.

58

Tutti sanno che gli esseri umani non possono vivere nel deserto. Se l'atmosfera non viene purificata, la salute degli esseri umani si deteriora. Dovremmo piantare un gran numero di alberi e di piante officinali, che hanno la capacità di depurare l'aria. Si possono prevenire molte malattie respirando l'aria che è venuta in contatto con piante medicinali.

59

Alcuni dicono che per ogni albero tagliato dovremmo piantarne altri due, ma questo non è abbastanza. C'è una grandissima differenza tra quello che offre un grande albero e quello che ci possono offrire due alberelli. Se aggiungiamo all'acqua una dose di disinfettante inferiore a quella necessaria, l'effetto sarà minore. Se prepariamo un farmaco ayurvedico solo con otto ingredienti invece dei dieci richiesti, la medicina non avrà l'effetto desiderato. Allo stesso modo, quando due piccole piantine prendono il posto di un grande albero, l'equilibrio della natura viene turbato.

60

Tanto tempo fa, i santi e i saggi dell'India, dopo lunghe e profonde ricerche interiori, affermarono che anche le piante e gli alberi provano dei sentimenti e che, in una certa misura, sono persino in grado di esprimerli. Quando abbiamo un atteggiamento di amore e compassione verso le piante e gli alberi, possiamo imparare ad ascoltarli e a comprenderli.

61

Quando gli antichi saggi esortavano a venerare gli alberi, stavano insegnando al mondo l'importanza di preservare e proteggere la natura. Poiché gli alberi sono stati tagliati senza ragione, non abbiamo piogge sufficienti nella stagione dei monsoni. Inoltre, la temperatura è aumentata e il clima sta cambiando in tutto il mondo. Gli alberi purificano l'atmosfera assorbendo l'anidride carbonica che emettiamo e sono custodi preziosi dell'armonia della natura. Anche la semplice azione di onorare e proteggere mentalmente gli alberi che ci offrono così tanto ha un impatto positivo.

62

Non è sbagliato abbattere degli alberi o raccogliere delle piante medicinali nella foresta per provvedere alle necessità della vita. Avere una casa che ci ripari dalla pioggia e dal sole è certamente una necessità, ma non occorre costruire una casa per esibire la nostra ricchezza e mostrare che viviamo nel lusso. Abbattere gli alberi per costruire un'abitazione è adharmico (ingiusto). Un atto diventa ingiusto quando lo compiamo senza discernimento, senza consapevolezza.

63

Oggi, la più grande minaccia per l'umanità non è una terza guerra mondiale, ma la perdita dell'armonia della natura e il nostro progressivo distacco da lei. Dovremmo sviluppare la consapevolezza di una persona minacciata da un'arma da fuoco. Solo così l'umanità potrà sopravvivere.

64

Piantate degli alberi. Farlo è una benedizione. Gli alberi ci sopravvivranno e daranno frutti e ombra alle generazioni future. Ognuno di noi dovrebbe ripromettersi di piantare almeno un albero al mese. In un anno, ogni persona avrà così piantato dodici alberi. Insieme, possiamo ripristinare la bellezza della natura sulla faccia della Terra.

65

Le foreste vengono distrutte e al loro posto si costruiscono dei complessi residenziali. Molti uccelli costruiscono qui i loro nidi. Se guardiamo questi nidi da vicino, vedremo che sono fatti di fili e pezzi di plastica. Questo accade perché ci sono sempre meno alberi. In futuro, potrebbero non essercene più. Gli uccelli si stanno adattando al loro nuovo ambiente.

66

Ogni famiglia dovrebbe coltivare alberi e piante nel proprio giardino. Piantare un albero è un atto altruistico verso la società. Così come godiamo della presenza degli alberi piantati da altri in passato, anche noi dovremmo piantarne a beneficio delle generazioni future. Se non abbiamo compiuto nessuna azione altruistica, dovremmo piantare un albero o una piantina: questo sarebbe un vero e proprio atto di altruismo, che gioverebbe agli altri e a noi stessi.

67

Figli, nemmeno una briciola del cibo che mangiamo è solamente frutto del nostro lavoro. Quello che arriva a noi sotto forma di cibo è il risultato del lavoro di altri, della generosità della natura e della compassione di Dio. Anche se avessimo milioni di dollari, avremmo sempre bisogno di cibo per saziare la nostra fame. Possiamo forse nutrirci di soldi? Pertanto, non mangiate nulla senza aver prima pregato con umiltà e gratitudine.

68

Figli, la natura sta davanti a noi come un simbolo di rinuncia. Le montagne, i fiumi, gli alberi e ogni cosa in natura ci offrono una lezione di altruismo. Guardate un albero: ci dona frutti, ombra e frescura. Anche se sta per essere abbattuto, continua a offrire ombra alla persona che lo sta tagliando. Allo stesso modo, ogni essere e ogni organismo in natura praticano, in un modo o nell'altro, la rinuncia.

69

Prendiamo dalla natura solo ciò di cui abbiamo realmente bisogno e cerchiamo di restituirle, per quanto ci è possibile, una parte di quello che abbiamo preso. Supponete che due patate siano sufficienti per cucinare una pietanza. Se ne prendiamo una terza, stiamo agendo in modo sconsiderato. Quando prendiamo da Madre Natura più di quanto ci spetta, neghiamo agli altri la loro parte. Forse un nostro vicino che non ha abbastanza cibo avrebbe potuto avere un pasto. Così, quando sfruttiamo la natura, sfruttiamo anche il nostro prossimo.

70

Quando nascerà in noi la compassione, proveremo il sincero desiderio di aiutare e di proteggere tutte le creature. In quello stato, eviteremo di staccare inutilmente anche una singola foglia. Staccare dieci foglie quando ne occorrono solo cinque è un atto adharmico. Coglieremo un fiore solo nell'ultimo giorno della sua esistenza, poco prima che cada dallo stelo. Riterremo molto dannoso per la pianta cogliere per avidità un fiore nel suo primo giorno di vita.

71

Il flusso ininterrotto d'amore che scorre dal vero credente verso tutto il creato ha un effetto dolce e rasserenante sulla natura. Il nostro amore è la migliore protezione per la natura.

72

La necessità del momento è coltivare una società composta da individui di buon cuore. Come esseri spirituali, dovremmo sforzarci di vivere una vita di sacrificio, pura e onesta. Un essere spirituale dovrebbe essere come un albero che offre la sua ombra anche a chi lo taglia a pezzi, o come il vento che soffia allo stesso modo su un escremento e su un fiore.

73

Non potrete entrare nel regno di Dio senza aver avuto anche il benestare della più piccola formica. Il primo requisito per ottenere la liberazione, oltre al ricordare costantemente l'Essere Supremo, è amare tutti gli esseri, senzienti e non senzienti. Quando avrete raggiunto una tale grandezza d'animo, la liberazione non sarà molto lontana.

74

Chiunque abbia il coraggio di superare le limitazioni della mente raggiungerà lo stato in cui è vivo il senso materno universale. In questa condizione, si provano amore e compassione non solo verso i propri figli, ma anche verso tutti gli esseri umani, gli animali, le piante, le rocce e i fiumi. È un amore che si estende a tutta la natura e a tutti gli esseri viventi. La persona in cui si è risvegliato il vero senso materno vede tutte le creature come suoi figli. Questo risveglio di amore, questo senso materno, è Amore divino. Esso è Dio.

75

Oggi siamo tutti consapevoli della necessità di proteggere Madre Natura e questo è certamente essenziale. Tuttavia, dovremmo anche preoccuparci dell'inquinamento del nostro ambiente interiore. I nostri pensieri e le nostre azioni negative contaminano l'atmosfera e la coscienza dell'umanità. Solo attraverso l'amore e la compassione è possibile salvaguardare e preservare la natura.

76

La mancanza di valori e di rettitudine ha scatenato la reazione della natura. Diminuendo gli alberi, anche le piogge sono meno frequenti e, quando cadono, lo fanno nel momento sbagliato. Accade lo stesso con la luce del sole: oggi è troppo intensa o troppo debole. Questi sono alcuni degli effetti delle nostre azioni e dei nostri atteggiamenti sbagliati.

77

I pensieri e le azioni negative inquinano l'atmosfera e la coscienza dell'umanità. Se non cambiamo il nostro modo di agire, spianiamo la strada alla nostra stessa distruzione. Non si tratta di una punizione, ma di una ferita che ci stiamo noi stessi infliggendo. Non stiamo facendo buon uso dei doni che Dio ci ha concesso per pensare, discernere e agire con saggezza.

78

La vita si realizza pienamente quando l'umanità e la natura si muovono insieme, mano nella mano, in armonia. Quando melodia e ritmo si completano a vicenda, la musica diventa bella e piacevole da ascoltare. Allo stesso modo, quando le persone vivono in accordo con le leggi della natura, la vita diventa un bellissimo canto.

79

Figli miei, proteggere la natura dovrebbe essere una delle nostre più grandi priorità. Dobbiamo porre fine alla pratica di distruggere l'ambiente per denaro e per le nostre necessità egoistiche contingenti. Non abbiamo nessun diritto di distruggere. Non essendo in grado di creare, non dovremmo distruggere. Solo Dio può creare, sostenere e distruggere. Tutte e tre queste facoltà sono al di sopra delle nostre capacità.

80

Dio non risiede solo negli esseri umani, ma anche negli animali e in tutte le forme di vita. Dio è nelle montagne, nei fiumi, nelle valli, negli alberi, negli uccelli, nelle nuvole, nelle stelle, nel sole e nella luna, ovunque. Dio dimora nel "sarvacharachara", in tutto ciò che è animato e inanimato. Come può una persona che comprende questo uccidere e distruggere?

81

I ricercatori della Verità e i credenti sinceri non possono nuocere alla natura perché la considerano come Dio. Essi non vedono la natura come qualcosa di separato da loro. Sono queste le persone che amano davvero la natura. Senza la mente e senza l'ego, si è un tutt'uno con l'esistenza intera. Figli, quando siete una cosa sola con il creato, quando il vostro cuore è pieno solo d'amore, tutta la natura vi è amica e vi serve. L'universo, assieme a tutti i suoi esseri viventi, è vostro amico.

82

Guardando Madre Natura e osservando come si dona altruisticamente, possiamo accorgerci dei nostri limiti. Questo ci aiuterà a sviluppare la devozione e l'abbandono all'Essere Supremo. La natura può portarci più vicino a Dio e insegnarci ad adorare veramente il Divino.

83

Solo attraverso l'amore e la compassione è possibile salvaguardare e proteggere la natura. Entrambe queste qualità stanno però diminuendo rapidamente negli esseri umani. Per provare vero amore e vera compassione è necessario prendere coscienza dell'unicità della forza vitale che sostiene l'intero universo e ne è il sostrato.

84

La gioventù di oggi è il pilastro del mondo di domani. I giovani hanno il potenziale di produrre grandi cambiamenti nel mondo. Con il loro impegno, i nostri giovani possono ispirare gli altri a creare insieme delle iniziative per proteggere Madre Natura. Dovremmo indirizzare la loro energia verso una giusta causa.

85

La condizione della Terra non potrà migliorare senza un cambiamento nelle coscienze. Possiamo impegnarci ad accrescere la nostra consapevolezza disciplinando la mente attraverso la meditazione, la preghiera e il pensiero positivo. Possiamo aderire a un'etica globale basata sulla comprensione reciproca e scegliere uno stile di vita che giovi alla società, che porti la pace e che sia rispettoso della natura. Se siamo pronti a rischiare e a sacrificarci, la situazione in cui ci troviamo potrà cambiare radicalmente.

86

La meditazione, la preghiera, la recitazione del mantra e altre pratiche spirituali sono la nostra salvezza. La riverenza e la devozione che gli esseri umani sviluppano nei confronti della propria fede religiosa sono di grande beneficio sia per l'umanità che per la natura. Recitare il mantra o pregare con concentrazione produrranno certamente un cambiamento positivo nella natura e aiuteranno a ristabilire l'armonia.

87

Potremmo dubitare di essere in grado di ristabilire l'equilibrio perduto della natura e chiederci: "Come esseri umani, non siamo troppo limitati?" No, non lo siamo! Dentro di noi c'è un potenziale infinito, ma siamo profondamente addormentati e inconsapevoli della nostra forza. Questa forza si manifesterà quando ci risveglieremo interiormente.

88

Chi ha realizzato l'unione con la Coscienza Suprema è diventato una cosa sola con tutto il creato. Chi ha raggiunto questa meta non è più solo il corpo fisico, ma è diventato la Forza vitale che splende in ogni cosa e attraverso ogni cosa. Egli o ella diventa quella Coscienza che presta a ogni cosa la sua bellezza e la sua vitalità.

89

I Mahatma (Anime realizzate) possono esprimersi attraverso il sole, la luna, l'oceano, le montagne, gli alberi e gli animali, attraverso l'intero universo. Quando si è privi di ego, si è ogni cosa. L'intero universo è tutt'uno con un essere illuminato.

90

Più del sapere della scienza moderna, è la più profonda comprensione della religione – la verità dell'unità in tutta la creazione – a insegnare agli uomini ad amare la natura e a sviluppare un senso di riverenza e di devozione verso tutti gli esseri viventi. Potreste pensare che abbattere un albero o una pianta sia meno grave che uccidere un essere umano, ma questo concetto è sbagliato.

91

Anche gli alberi e le piante hanno delle emozioni e possono avere paura. Quando qualcuno si avvicina a un albero o a una pianta con un'ascia o un coltello affilato, la pianta si spaventa e trema di paura. Occorre un udito sottile per sentirne le grida, una vista sottile per vedere quanto sia indifesa e una mente sottile per avvertire la sua paura. Anche se non vedete la sua sofferenza, potete sentirla con un cuore compassionevole. Per vedere la sofferenza di una pianta, l'occhio della vostra mente dev'essere aperto. Sfortunatamente, non potete vedere questi aspetti così sottili con gli occhi fisici. È per questo che distruggete alberi e piante indifesi.

92

Quando gli esseri umani rendono felice la natura con pensieri positivi e buone azioni, essa li benedice offrendo loro raccolti generosi e abbondanti. In Kerala, c'è una festa tradizionale chiamata Pongal. Pongal significa traboccare. Questo è il momento in cui l'amore dell'umanità per la natura e quello della natura per l'umanità traboccano, quando la mente universale e quella individuale tracimano e diventano una cosa sola.

93

Quando v'inchinate di fronte all'esistenza intera in totale umiltà, l'universo s'inchina a voi e si mette al vostro servizio.

94

Si dice che la vita di una farfalla duri solo pochi giorni o al massimo una settimana. Eppure, con quanta gioia essa vola qua e là, donando a tutti piacere e felicità! Così dovrebbe essere la nostra vita.

95

Ci fu un tempo in cui tutti abbandonarono Amma a causa dei suoi modi insoliti. Quando questo accadde, furono gli uccelli e gli animali a prendersi cura di lei. Un'aquila volava su di lei facendole cadere vicino un pesce affinché Amma potesse mangiarlo crudo. Un cane le portava dei pacchetti di cibo. Quando Amma usciva dal samadhi (stato di profonda beatitudine), una mucca si avvicinava e si fermava davanti a lei in una posizione tale da permetterle di bere a volontà dalle sue mammelle.

96

Quando vedremo Madre Natura come l'incarnazione di Dio, inizieremo spontaneamente a servirla e a proteggerla. Se ci avviciniamo alla natura con amore, essa ci servirà come il nostro migliore amico, un amico che non ci abbandonerà mai.

97

Figli miei, guardate la natura e immaginate di vedere negli alberi, nelle montagne e negli altri elementi la forma della vostra divinità prediletta. Parlate con la vostra Amata. Immaginate la vostra divinità prediletta nel cielo e invocatela. Confidatele tutto ciò che vi affligge. Perché dovreste raccontare ad altri le vostre pene?

98

È giunto il momento di pensare seriamente a proteggere la natura. La sua distruzione equivale alla distruzione dell'umanità. Gli alberi, gli animali, gli uccelli, le piante, le foreste, le montagne, i laghi e i fiumi – tutto ciò che esiste in natura – hanno disperatamente bisogno della nostra benevolenza, delle nostre cure premurose e della nostra protezione. Se li proteggiamo, ci proteggeranno a loro volta.

99

La concentrazione delle persone spirituali giova alla natura. La preghiera e la concentrazione spirituale sono potenti mezzi che purificano l'atmosfera. Al tempo stesso, anche noi possiamo trarre forza spirituale, speranza e fiducia dallo stare nella natura attraverso la meditazione, la preghiera e la recitazione del mantra, silenziosa o a voce alta.

100

Ogni piccolo sforzo per preservare l'ambiente è prezioso perché aiuta a sostenere la vita. In verità, esso è più prezioso di qualsiasi ricchezza materiale. Attraverso la scuola, possiamo risvegliare nei bambini il desiderio di proteggere la natura, proprio come abbiamo risvegliato in loro il desiderio di accumulare denaro.

101

Resa inquieta dalle azioni inique perpetrate contro di lei dagli esseri umani, Madre Natura ha cominciato a negare le sue benedizioni. È un dovere impellente di tutta l'umanità pacificarla compiendo azioni altruistiche ricche di amore reciproco, fede e sincerità. Solo allora, Madre Natura riprenderà a benedire l'umanità con infinite risorse.

102

Immaginate di avere dieci semi. Consumatene pure nove, ma tenetene almeno uno per piantarlo. Nulla dovrebbe essere distrutto completamente. Se guadagnate cento dollari vendendo un raccolto, dovreste devolverne almeno dieci in beneficenza.

103

Proprio come la terra si muove intorno al sole in un ciclo regolare, così tutto in natura si muove in modo ciclico. Le stagioni si susseguono circolarmente: primavera, estate, autunno, inverno e ancora primavera. Dal seme nasce l'albero e a sua volta l'albero produce il seme. Allo stesso modo, nascita, infanzia, giovinezza, vecchiaia, morte e poi ancora nascita si succedono in un ciclo continuo. Il tempo si muove in circolo, non in linea retta. Il karma e i suoi risultati devono essere inevitabilmente vissuti da ogni essere vivente finché la mente non è pacificata e non si è appagati nel proprio Sé.

104

Guardate delle rose fresche. Come sono belle! Che buon profumo emanano! Ma cosa diamo loro per farle crescere? Solo un po' di foglie di tè usate e del letame di mucca. Che differenza tra questi bellissimi fiori e il letame che abbiamo dato loro! Allo stesso modo, gli ostacoli che incontriamo nella vita sono il concime che ci fa crescere più forti spiritualmente. Questi ostacoli aiuteranno i nostri cuori a sbocciare completamente.

105

Ricordatevi sempre che, quando scende il crepuscolo, esso ha già in sé l'alba.

106

Dobbiamo ricordarci che ogni cosa è senziente, ogni cosa è piena di coscienza e di vita, ogni cosa esiste in Dio. La materia in quanto tale non esiste, esiste soltanto la Coscienza. Se affrontiamo tutte le situazioni con questo atteggiamento, distruggere diventa impossibile per noi, l'idea stessa di distruggere svanisce. Tutto esiste in Dio.

107

Figli, l'Amore divino è la nostra vera natura. L'Amore brilla in ciascuno di noi. Non esisterebbe nessuna manifestazione se dietro di essa non ci fosse la forza dell'Amore.

108

Spirito Divino, mi vedi quaggiù? Possano le Tue mani di stelle riempirmi di grazia, dandomi la forza di ricordarTi sempre e il dolore di invocarTi costantemente. Tu sei il mio unico rifugio e conforto. Beato e meraviglioso è il Tuo mondo divino! Elevami fino al Tuo regno di un milione di stelle scintillanti!

www.ingramcontent.com/pod-product-compliance
Lightning Source LLC
Chambersburg PA
CBHW061954070426
42450CB00011BA/3032